essentials

Essentials liefern aktuelles Wissen in konzentrierter Form. Die Essenz dessen, worauf es als „State-of-the-Art" in der gegenwärtigen Fachdiskussion oder in der Praxis ankommt. Essentials informieren schnell, unkompliziert und verständlich.

- als Einführung in ein aktuelles Thema aus Ihrem Fachgebiet
- als Einstieg in ein für Sie noch unbekanntes Themenfeld
- als Einblick, um zum Thema mitreden zu können.

Die Bücher in elektronischer und gedruckter Form bringen das Expertenwissen von Springer-Fachautoren kompakt zur Darstellung. Sie sind besonders für die Nutzung als eBook auf Tablet-PCs, eBook-Readern und Smartphones geeignet.

Essentials: Wissensbausteine aus Wirtschaft und Gesellschaft, Medizin, Psychologie und Gesundheitsberufen, Technik und Naturwissenschaften. Von renommierten Autoren der Verlagsmarken Springer Gabler, Springer VS, Springer Medizin, Springer Spektrum, Springer Vieweg und Springer Psychologie.

Hans H. Hinterhuber

Die Strategie als gemeinsame Logik des Handelns

Wie Unternehmen erfolgreich in die Zukunft geführt werden

Hans H. Hinterhuber
Chairman. Hinterhuber & Partners
Strategy/Pricing/Leadership Consultants
Innsbruck, Österreich

ISSN 2197-6708 ISSN 2197-6716 (electronic)
ISBN 978-3-658-06861-5 ISBN 978-3-658-06862-2 (eBook)
DOI 10.1007/978-3-658-06862-2

Die Deutsche Nationalbibliothek verzeichnet diese Publikation in der Deutschen Nationalbibliografie; detaillierte bibliografische Daten sind im Internet über http://dnb.d-nb.de abrufbar.

Springer Gabler

Gedruckt auf säurefreiem und chlorfrei gebleichtem Papier

Springer Gabler ist eine Marke von Springer DE. Springer DE ist Teil der Fachverlagsgruppe Springer Science+Business Media
www.springer-gabler.de

Was Sie in diesem Essential finden können

- Eine klare und praktische Definition der Strategie und der verschiedenen Strategieformen.
- Ein Kriterienprofil zur Messung der Qualität der Strategie.
- Die vier Elemente einer guten Strategie anhand von Praxisbeispielen: Den Strategiediamanten.
- Die Strategie als Methode zur Förderung von Kreativität und Eigeninitiative der Führungskräfte.
- Regeln für das Risk Assessment.

Inhaltsverzeichnis

Der Autor

Hans H. Hinterhuber ist Chairman von Hinterhuber & Partners, Strategy/Pricing/Leadership Consultants, einer international tätigen Unternehmensberatung. Bis 2006 war er Direktor des Instituts für Strategisches Management, Marketing und Tourismus der Universität Innsbruck.

Einleitung

1

> Ich habe bemerkt, dass die Strategie nicht auszulernen ist und dass, wenn man sich mit Ernst derselben widmet, man immer Neues entdecken kann,
> Napoleon

In einer unsicheren, globalen und schwer interpretierbaren Welt lässt sich kein Unternehmen mit dem Top-down-Ansatz, mit Anordnungen und Kontrollen von oben und ausführenden Befehlsempfängern unten, erfolgreich führen. Diese Art der Führung ist durch die Schnelligkeit und Unvorhersehbarkeit des Wandels überholt. Unternehmen brauchen eine Strategie, die als gemeinsame Logik des Handelns den Führungskräften auf unterschiedlichen Verantwortungsebenen Entscheidungsfreiheit und Handlungsspielraum bietet, um neue Möglichkeiten zu entdecken und umzusetzen, Probleme kreativ zu lösen und schlecht kalkulierte Risiken abzuwenden.

Die Ausführungen zeigen, was eine gute Strategie ist, wie sie überprüft werden kann und wie sie zur gemeinsamen Logik des Handelns der Führungskräfte wird.

Sie gliedern sich in sieben Abschnitte.

Nach der Einleitung wird im zweiten Abschnitt ein praktisches Führungsmodell vorgestellt, das die zentrale Rolle der Strategie für die erfolgreiche Führung eines Unternehmens zeigt. Der Begriff der Strategie wird definiert. Wenn heute alles, was irgendwie wichtig erscheint, als strategisch bezeichnet oder mit dem Begriff Strategie verbunden wird, so schafft das Unklarheit und ist für die wesentlichen Entscheidungen im Unternehmen nicht brauchbar.

H. H. Hinterhuber, *Die Strategie als gemeinsame Logik des Handelns*,
essentials, DOI 10.1007/978-3-658-06862-2_1

Der dritte Abschnitt enthält die Ergebnisse einer Langzeitstudie, die zeigt, dass nur etwa jede vierte Geschäftseinheit eines Unternehmens eine klare Strategie aufweist. Mit Hilfe des Strategiediamanten wird gezeigt, was eine gute Strategie ausmacht und wie sich die Qualität der Strategie testen lässt.

Jede Strategie ist mit einem Risiko verbunden und verlangt ein Risk Assessment. Zehn in der Praxis bewährte Regeln werden im vierten Abschnitt vorgestellt.

Der fünfte Abschnitt zeigt, wie die Strategie zur gemeinsamen Logik des Handelns der Führungskräfte gemacht werden kann. Eine neue Führungskonzeption hilft, den häufig in der Praxis etablierten Top-down-Ansatz zu überwinden; sie betont die Selbständigkeit und geistige Mitarbeit der Führungskräfte bei der Weiterentwicklung und Umsetzung der Strategie.

Im sechsten Abschnitt wird der Frage nachgegangen, ob Strategie mehr eine Wissenschaft oder eine Kunst ist.

Abschließend werden die Hauptergebnisse der Arbeit zusammengefasst.

Die zentrale Rolle der Strategie für die erfolgreiche Führung eines Unternehmens 2

> Der Inkrementalismus ist der größte Feind der Innovation.
> Nicholas Negroponte

Ohne Strategie ist langfristig überdurchschnittlicher Erfolg nicht wahrscheinlich. Selbst die beste Strategie ist keine Erfolgsgarantie. Ein Unternehmen oder eine Non-Profit-Organisation strategisch führen heißt, die Einrichtung ganzheitlich in ihren Beziehungen zu den Stakeholdern zu sehen und zu erkennen, wie die Teile zusammenhängen und wie sich die Entscheidungen in vielen Bereichen und auf verschiedenen Verantwortungsebenen gegenseitig beeinflussen. Diese ganzheitliche Sicht ist umso wichtiger, je größer die Wechselwirkungen zwischen Märkten, Technologien, Gesellschaft, Politik und Unternehmen sind.

Abbildung 2.1 veranschaulicht das Gesamtmodell der strategischen Führung eines Unternehmens oder einer Non-Profit-Einrichtung (Hinterhuber 2011a). Das Modell integriert alle Komponenten, die dem direkten Einfluss der Führungskräfte unterliegen (der innere Teil der Abbildung) zu einem kohärenten Ganzen, mit dem Werte für die Stakeholder (der äußere Teil der Abbildung) geschaffen werden. Jeder Bereich beeinflusst die anderen Bereiche. Die Strategie z. B. bestimmt die Aktionspläne und die Organisation, sie wird aber ihrerseits durch organisatorische Gegebenheiten beeinflusst. Die bestehenden Geschäftsprozesse, das strategische Controllingsystem, die Unternehmenskultur usw. tragen zu den gegenwärtigen Stärken und Schwächen der Organisationsstruktur bei, von denen die Strategie wesentliche Impulse erhält. Strategisches Denken ist ganzheitliches, systemisches Denken. Strategisch denken heisst, dass das Ganze wichtiger ist als der Teil und nicht umgekehrt.

H. H. Hinterhuber, *Die Strategie als gemeinsame Logik des Handelns*,
essentials, DOI 10.1007/978-3-658-06862-2_2

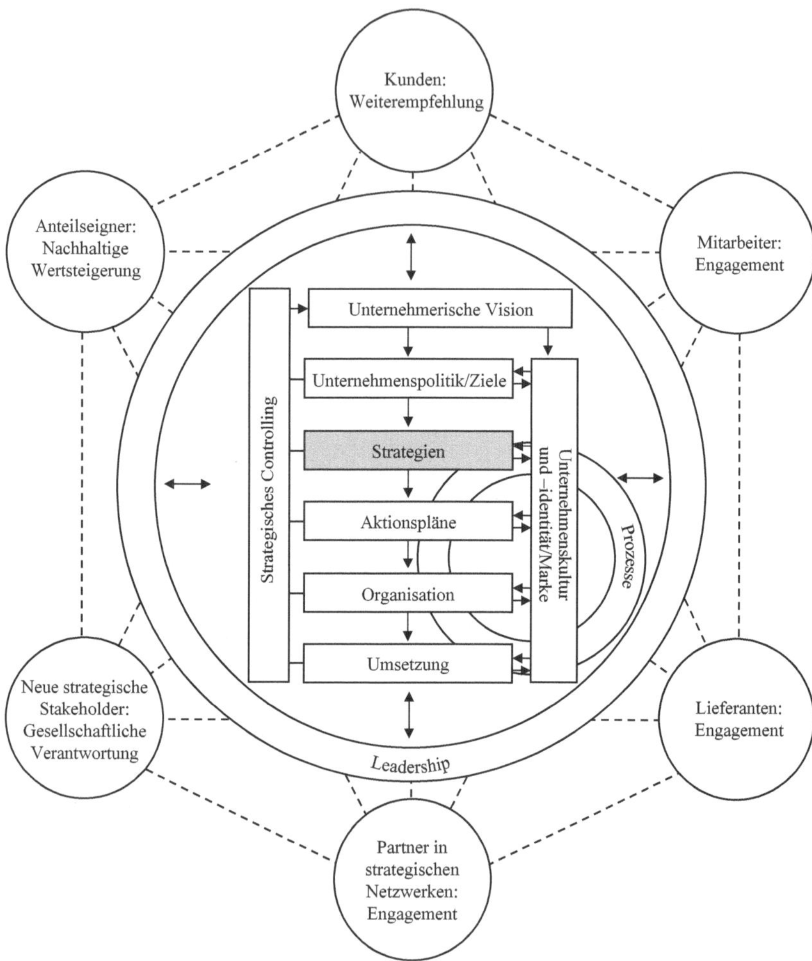

Abb. 2.1 Das Gesamtsystem der strategischen Unternehmensführung. (Hinterhuber 2011a)

2.1 Der Begriff der Strategie

> Die Strategie ist ein System von Aushilfen.
> Helmuth von Moltke

Etymologisch hat das Wort Strategie seine Wurzeln in der indoeuropäischen Sprachenfamilie:

ster: Schar, Volksmenge, Herr

ag: treiben, in Bewegung setzen, führen

Der Begriff stammt aus der Kriegskunst und mein Heeresleitung. Geht man vom griechischen Wort „Strategos" (Feldherr, Heerführer, hoher Beamter) aus, würde das Wort etwa mit „Feldherrnkunst" zu übersetzen sein. Die Truppenführung in der Schlacht, auf dem Gefechtsfeld, zählt dagegen zur Taktik. Der Begriff der Strategie steht immer in einem gewissen Gegensatz zu dem Begriff Taktik, beide ergänzen sich so wesentlich und gehen in vielen Beziehungen so ineinander über, dass eine überall zutreffende, scharfe Trennung nicht möglich ist. Eine einwandfreie und erschöpfende Definition von Strategie gibt es nicht und wird sich auch kaum finden lassen, weil in der Praxis Strategie und Aktionspläne vielfach und sich dauernd zwingend beeinflussen (Hinterhuber 2011b).

Die Strategie ist Handeln unter großen Gesichtspunkten und lässt sich nicht in ein System von Regeln fassen. Sie ist kein Aktionsplan, auch kein 20-Seiten langes Dokument, kein Handeln nach einem Schema, sondern immer nach den gegebenen Verhältnissen der konkreten Situation, wobei man sich Kernauftrag und Ziel bei jeder Entscheidung, die man trifft, vor Augen halten muss.

Am kürzesten und wohl auch für die meisten Fälle ausreichend ist die Wiedergabe von Strategie nach Helmuth von Moltke (1800–1891), mit „Fortbildung des ursprünglich leitenden Gedankens entsprechend den stets sich ändernden Verhältnissen". Der leitende Gedanke ist, ein führender Wettbewerber zu sein und den Wert des Unternehmens oder der Geschäftseinheit nachhaltig zu steigern und/oder ein wettbewerbsfähiges Unternehmen der nächsten Generation zu übergeben. Die Strategie ist somit die Kunst, Ziele zu erreichen zu versuchen, angesichts von Konkurrenten, die ebenfalls denken und handeln. Die Konkurrenten versuchen ebenfalls nicht nur ihre Ziele zu erreichen, sondern uns zu hindern, das gleiche zu tun.

Die Strategie ist aber nicht nur wettbewerbsorientiert, sondern auch und vor allem kundenorientiert (Kormann 2005). Die zentralen Fragen, die zur Strategie führen, lauten:

- Nicht wie werden wir die Nummer Eins oder Zwei oder Drei im Markt, sondern wie machen wir die Kunden und deren Kunden zu vertretbaren Kosten zu den Besten in ihren Märkten?
- Was sind die zentralen Erfolgsfaktoren der Kunden und von deren Kunden, und wie können wir diese zu vertretbaren Kosten besser erfüllen als die Konkurrenten?

Eine gute Strategie ist eine Strategie, die Eintrittsbarrieren und somit Wettbewerbsvorteile schafft und eine überdurchschnittliche Kapitalrendite erwarten lässt. Die Strategie ist, wie dargestellt, ein ganzheitliches innovatives Konzept, um ein Ziel zu erreichen, angesichts von Konkurrenten, die häufig das gleiche Ziel anstreben. Eine gute Strategie verändert die Spielregeln im Markt, oft sogar, wie im Fall von Apple, sogar die Struktur des Marktes.

Eine gute Strategie muss herausfinden, ob der Markt Eintrittsbarrieren hat, die uns erlauben, das zu tun, was andere nicht können. Sind die Eintrittsbarrieren niedrig, oder, was das Gleiche ist, haben wir keine Wettbewerbsvorteile, dann braucht das Unternehmen keine Strategie. In Märkten ohne Eintrittsbarrieren zählt nur operative Effizienz (Greenwald und Kahn 2007).

Eine gute Strategie erhöht auf dreierlei Art die Wahrscheinlichkeit für langfristig überdurchschnittlichen Erfolg: sie schafft erstens günstige Ausgangsbedingungen zur Bearbeitung existierender Märkte, zweitens verankert sie organisationales Lernen im Unternehmen und drittens ist sie die Grundlage für selbständiges, initiatives Handeln der Führungskräfte auf unterschiedlichen Verantwortungsebenen und unterschiedlichen Regionen (Hinterhuber 2011b).

2.2 Die Ebenen der Strategie

> Wenn über das Grundsätzliche keine Einigkeit besteht, ist es sinnlos, miteinander Pläne zu machen.
> Konfuzius

Es lassen sich drei Ebenen der Strategie unterscheiden (Hinterhuber 2011a):

1. Die Ebene der Strategischen Geschäftseinheiten (business unit-level strategy).
2. Die Unternehmensebene (corporate-level strategy).
3. Die Netzwerkebene (network strategy).

Die Strategie auf Eben der Strategischen Geschäftseinheiten Strategische Geschäftseinheiten sind Zentren für integrierte Maßnahmen im Unternehmen. Ein Maschinenbauunternehmen ist beispielsweise in vier Strategische Geschäftseinheiten gegliedert: Aufstiegsanlagen und Seilbahnen, Umlaufbahnen für Städte, Beschneiungsanlagen und Hochregallager. Alle Geschäftseinheiten beruhen auf der gleichen Kernkompetenz.

Die Strategie auf Ebene der Strategischen Geschäftseinheiten ist in Abschn. 3 behandelt.

Die Strategie auf Unternehmensebene:

- koordiniert die Strategien der einzelnen Geschäftseinheiten in Bezug auf Cashflow, Synergien, Risiko und Zyklizität,
- weist diesen die personellen, materiellen und finanziellen Ressourcen zu,
- stellt sicher, dass der Wert des Gesamtunternehmens größer ist als die Summe der Werte der Geschäftseinheiten, verhindert also den Holding-Abschlag,

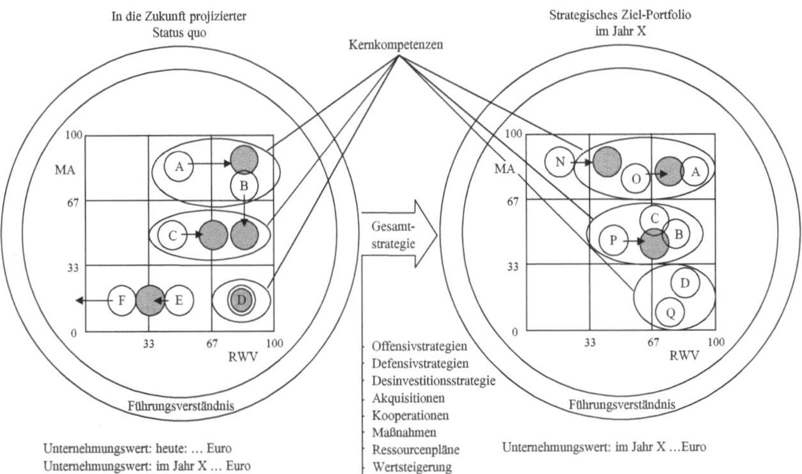

Abb. 2.2 Grundschema zur Formulierung der Gesamtstrategie des diversifizierten Unternehmens. (Hinterhuber 2011a)

- nutzt die Kernkompetenzen des Unternehmens für eine Vielzahl von Geschäftseinheiten,
- nutzt Akquisitionen, Zusammenschlüsse und Desinvestitionen für die nachhaltige Optimierung des Gesamtportfolios des Unternehmens.

Abbildung 2.2 zeigt das Grundschema der Strategie auf Unternehmensebene.

Die vielleicht wichtigste, nicht-delegierbare Aufgabe der Unternehmensleitung besteht in diesem Zusammenhang in der Kapitalbeschaffung und Kapitalzuteilung. Für die Kapitalbeschaffung hat die Unternehmensleitung drei Optionen: Erhöhung des Eigenkapitals, Schulden oder interner Cash-flow, für die Kapitalzuteilung sechs Optionen: Allokation des Kapitals an bestehende Geschäftseinheiten, Investition in neue Projekte oder Geschäftseinheiten, Akquisitionen, Ausschüttung von Dividenden, Rückzahlung von Schulden oder Rückkauf von Aktien.

Die Netzwerkstrategie Im Netzwerk fokussier sich jedes Unternehmen auf seine Kerngeschäfte und kooperiert weltweit mit Partnern. Das bedeutet, dass das Unternehmen die Unternehmensteile und/oder Stufen der Wertschöpfung aufgibt, in denen es nicht zu den „Klassenbesten" zählt, die keinen Bezug zu den Kernkompetenzen haben oder die keinen Beitrag zum Kundennutzen leisten.

Abbildung 2.3 fasst die drei Ebenen der Strategie zusammen.

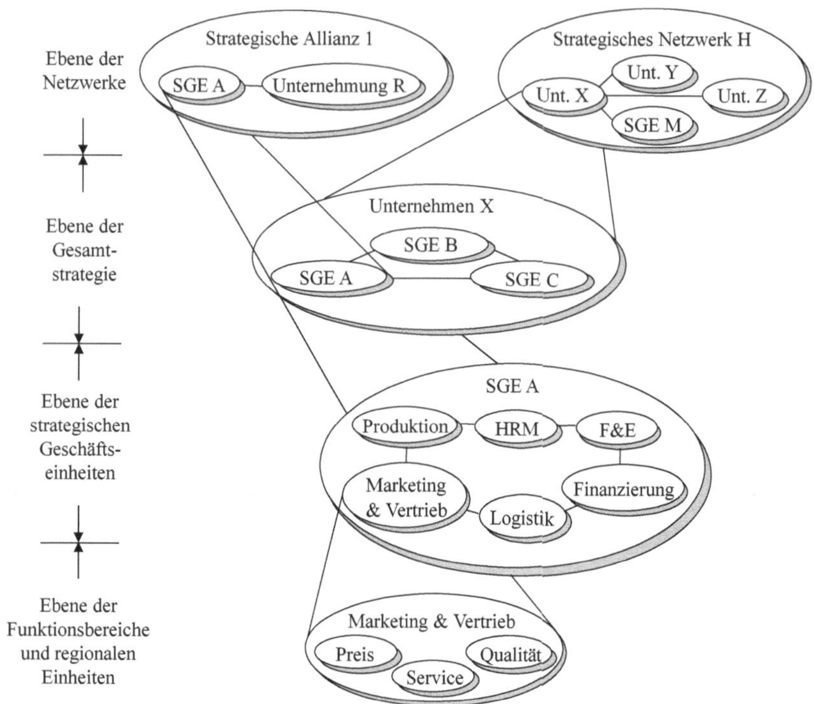

Abb. 2.3 Die drei Ebenen der Strategie. (modifiziert nach DeWit und Meyer 2014)

Mehrere Bedingungen müssen erfüllt sein, damit ein Unternehmen die Strategie des Netzwerkes bestimmen kann:

1. Das Unternehmen muss sichtlich in der Lage sein, die zweckmäßigsten Lösungen für sich mit denen zu verbinden, die den Interessen der Partner entsprechen.
2. Das Unternehmen muss über ein großes Prestige und eine gute Reputation verfügen, und zwar dadurch, dass die Partner davon ausgehen, dass das Unternehmen besser als sie selbst die Markttendenzen wahrnimmt.
3. Das Unternehmen muss einen großen Marktanteil und somit Marktmacht besitzen, was zeigt, dass es in der Lage ist, rechtzeitig und korrekt die Marktentwicklungen, die Strategien der Konkurrenten und die Technologietrends zu interpretieren und daraus Nutzen zu ziehen.

2.3 Direkte und indirekte Strategien

Ein guter General muss auch ein guter Schauspieler sein. Friedrich der Große

Eine gute Strategie ist eine Funktion der folgenden Elemente: Situation und Rahmenbedingungen, Ziele, Ressourcen, Psychologie und Zeit (Hinterhuber 2007).

In der *direkten Strategie* herrschen die materiellen, finanziellen, personellen und informationellen Ressourcen vor, die psychologischen Faktoren sind weitaus weniger wichtig und der zeitliche Horizont ist relativ klein. Ein Preiskampf ist Ausdruck einer direkten Strategie.

In der *indirekten Strategie* werden die psychologischen und informationellen Faktoren zum beherrschenden Element, die materiellen und finanziellen Ressourcen sind weniger wichtig und der zeitliche Horizont ist wesentlich länger. Die indirekte Strategie kompensiert die fehlenden Ressourcen durch die richtig angesetzte Kraft der Psychologie und Information sowie durch exzellente Führung in einem genau abgestimmten Zusammenwirken. Beispiele für die indirekte Strategie sind strategische Partnerschaften, Kooperationen in Forschung und Entwicklung, Zusammenschlüsse und dgl. mehr. Die indirekte Strategie ermittelt oder antizipiert die tragenden Faktoren einer Situation und lässt sich gleichsam von diesen tragen (Jullien 2006). Ein Beispiel ist Apple. Steve Jobs hat mit dem iPad ein Situationspotenzial erkannt und genutzt. Das iPad ist ein Kultprodukt, das sowohl die Situation als auch Netzwerkeffekte nutzt.

2.4 Starke und schwache Formen der Strategie

Man kann den Dingen einen Anstoß geben, doch dann tragen sie dich davon.
Napoleon

Ordnet man die drei Arten der Strategie – Offensive, Defensive und Rückzug – den beiden Vorgehensweisen – taktisch oder strategisch – zu, lassen sich sechs Formen der Strategie unterscheiden (Abb. 2.4):

- die taktische Offensive,
- die strategische Offensive,
- die taktische Defensive,
- die strategische Defensive,
- der taktische Rückzug und
- der strategische Rückzug.

Abb. 2.4 Starke und schwache Formen der Strategie. (Hinterhuber 2007)

Die taktische Offensive: Der direkte Weg in Richtung auf ein unscharf formuliertes Ziel Die taktische Offensive ist immer mit Problemen und Gefahren verbunden. Jeder einzelne Schritt mag, für sich betrachtet, vernünftig sein. Oft gelangt man aber dadurch in eine Position, die man so nicht angestrebt hat. Die Übernahme von Chrysler durch Fiat im Jahr 2014 ist ein Beispiel für eine taktische Offensive.

Die strategische Offensive: Der direkte Weg zu einem langfristigen Ziel Die strategische Offensive trägt den Vorteil der Initiative in sich. Sie schreibt den Konkurrenten das Gesetz des Handelns vor. Sie ist, wie Moltke es ausdrückt, „der gerade Weg zum Ziel". Sie bietet sowohl die größte Handlungsfreiheit als auch die Möglichkeit der Überraschung. Das Risiko ist, wie bei allen direkten Strategien mit großem Ressourceneinsatz, hoch. Die Motivationswirkung, die vom Bestreben ausgeht, eine neue Pionierphase einzuleiten, ist allerdings ebenfalls groß. Ein Beispiel ist die Strategie von Tesla.

Die taktische Defensive: Die stärkste Form der Strategie Die taktische Defensive verteidigt bestehende Gewinnpotenziale. Ihr Zweck ist die eigene, in der Regel führende Wettbewerbsposition und die Performance des Unternehmens auf Dauer zu erhalten. Die taktische Defensive ist somit die leichtere und die an sich stärkste Form der Strategie. Beispiele sind: Prozessoptimierungen, Strukturanpassungen, Kostensenkungen und dgl. mehr. Das Risiko der taktischen Defensive ist in der

Regel niedrig, die Erfolgsaussichten sind hoch. Beispiele finden sich in der deutschen Automobilindustrie und im deutschen Maschinenbau.

Die strategische Defensive: Der Umweg zum Ziel Die strategische Defensive ist eine indirekte Strategie, die einen Umweg zum Ziel bedeutet. Bestehende Gewinnpotenziale werden aus einer Position der Stärke heraus verteidigt, nicht wettbewerbsfähige Unternehmensteile verkauft und der Cash-flow genutzt, um die bestehenden Gewinnpotenziale zu stärken. Die strategische Defensive soll vor allem verhindern, dass Konkurrenten in die von unserem Unternehmen beherrschten Märkte eindringen. Die psychologischen Vorteile der Defensive liegen auf der Hand: genaue Kenntnis der Terrains, auf dem sich der Wettbewerb abspielt, Beherrschung der Technologien, Kenntnis der Kundenbedürfnisse, Nutzung der Reputation der Marke. Beispiel für die strategische Defensive ist die Übernahme wichtiger Teile von Alstom durch GE.

Da es sich um einen Umweg zum Ziel handelt ist das Risiko, wie bei jeder indirekten Strategie, relativ niedrig.

Der taktische Rückzug: Zeit gewinnen Der taktische Rückzug ist negativ qualifiziert. Der einzige Vorteil liegt im Zeitgewinn. Die Frage ist allerdings: Zeitgewinn wozu? Wird in Sanierung investiert, obwohl objektiv die Voraussetzungen hierfür nicht gegeben sind, bedeutet der taktische Rückzug eine Verschwendung von anderweitig benötigten Ressourcen. Der taktische Rückzug ist die schwächste Form der Strategie. Beispiele hierfür finden sich in der deutschen Solarindustrie oder in der italienischen Automobilindustrie.

Der strategische Rückzug: Über Umwege Neues schaffen Der strategische Rückzug ist ein Umweg zum Ziel. Es werden beispielsweise die Geschäftseinheiten oder Produktlinien aufgegeben, mit denen keine Marktführerschaft aufgebaut werden kann und die auch keine Synergieeffekte zu anderen Geschäftseinheiten aufweisen. Die freiwerdenden Ressourcen werden nach einem strategischen Konzept produktiveren Zwecken zugeführt oder für den Aufbau neuer Gewinnpotenziale verwendet.

Der strategische Rückzug wird, da er ein Umweg zum Ziel ist, als schwache Form der Strategie bezeichnet. Er ist jedoch die vielleicht schwierigste Form der Strategie. In der Tat zeigt sich strategische Führungskompetenz am deutlichsten in den strategischen Rückzugsoperationen. Der Ausstieg von Siemens aus der Telekommunikation ist ein Beispiel.

Der Strategiediamant

3

Was nicht auf einer einzigen Manuskriptseite zusammengefasst werden kann, ist weder durchdacht noch entscheidungsreif.
Dwight D. Eisenhower

In den vergangenen Jahren untersuchten Hinterhuber & Partners die Praxis des strategischen Denkens und Handelns in mehr als 230 Geschäftseinheiten von 50 Unternehmen weltweit (Hinterhuber 2011b). Dabei haben wir festgestellt, dass in drei von vier Fällen eine Strategie verfolgt wird, die ihren Namen nicht verdient und mit der die Kapitalkosten nicht erwirtschaftet werden. Die Verfolgung einer schlechten Strategie schwächt das Unternehmen und kann dazu führen, dass das Unternehmen zerschlagen oder verkauft wird oder Konkurs anmeldet. Gute Strategien schaffen die Basis für langfristig überdurchschnittlichen Erfolg.

Strategie ist relevant – nicht nur für Mitglieder des Vorstands oder Unternehmer. Wer für eine Geschäftseinheit, eine Abteilung, eine Vertriebsorganisation, eine Produktlinie, eine Tochtergesellschaft verantwortlich ist, muss sich die Fragen stellen: Ist die von mir verantwortete Unternehmenseinheit heute so erfolgreich, wie sie es bestenfalls sein könnte, sind die Risiken überschaubar, nutze ich die Ressourcen und das Potenzial des Unternehmens? Zweitens, wo soll die Unternehmenseinheit in Zukunft stehen, wohin geht die Reise, wie stelle ich sicher, dass ich mich morgen noch über ausreichende Wachstumsperspektiven verfüge, wo soll das Unternehmen in 3 oder 5 Jahren stehen?

Strategie ist auch dann relevant, wenn das Unternehmen oder die Strategische Geschäftseinheit heute bereits erfolgreich ist.

Unternehmen wie Hoechst AG, Schering AG, Mannesmann AG, Amoco, Mobil, Gillette, AT&T, Aventis SA und andere waren „erfolgreich“, in dem Sinn, dass

H. H. Hinterhuber, *Die Strategie als gemeinsame Logik des Handelns*,
essentials, DOI 10.1007/978-3-658-06862-2_3

keines von ihnen in einer finanziellen Krise stand und dass alle ihre Kapitalkosten verdienten. Dennoch verschwanden diese Unternehmen vom Markt. Der Grund war, dass eine Strategie fehlte und dass es jemanden – einen neuen Eigentümer – gab, der überzeugt war, dass das betroffene Unternehmen mit einer neuen Strategie und mit einer neuen Führung sowie unter einem neuen Eigentümer besser dastehen würde als zuvor. Gute Strategien sichern also Gegenwart und Zukunft des Unternehmens. Schlechte Strategien gefährden die Existenz eines Unternehmens, selbst wenn dieses heute erfolgreich ist.

In dieser Studie suchten Hinterhuber & Partners das Gespräch mit Mitgliedern des Vorstandes, Leitern von Strategischen Geschäftseinheiten, von Stabstellen, die sich mit strategischer Planung und Business Development beschäftigen und andern kreativen Köpfen, die oft auf einer Ad-hoc-Basis in den Strategieprozess eingebunden sind. Dabei stellten wir bewusst nicht nur Fragen zur Qualität des strategischen Denkens und Handelns im eigenen Haus – es ging uns auch darum, führende Unternehmen aufzuspüren, die nicht in unserer ursprünglichen Datenbasis enthalten waren. In vielen Fällen erhielten wir dadurch interessante Hinweise auf oft kleinere Unternehmen, die zwar in einschlägigen Publikationen nicht für die Qualität des Strategieprozesses bekannt sind, sich aber dem Thema der Strategie auf eine eigene, oft sehr effektive und kreative Art genähert haben.

Dabei stellten wir fest, dass nur etwa 25 % der untersuchten Geschäftseinheiten eine klare Strategie aufweisen. In anderen Worten: 75 % der Geschäftseinheiten verfolgen eine Strategie, die diesen Namen nicht verdient.

3.1 Testen Sie die Qualität Ihrer Strategie

> Wie perfekt die Strategie auch scheint, man sollte zwischendurch auf die Ergebnisse schauen.
> Sir Winston Churchill

Wir laden Unternehmer und Führungskräfte ein, die Qualität der Strategie ihrer Unternehmenseinheit zu testen (Fragebogen 3.1):

Wie wissen Sie, dass Ihre Business Unit eine gute Strategie hat?	
Die folgenden Fragen können helfen, zu erkennen, ob eine Geschäftseinheit eine gute Strategie hat:	
1. Wettbewerbsvorteile	Trifft nicht zu … Trifft zu
Sind die Wettbewerbsvorteile der Business Unit klar definiert?	1 2 3 4 5 6 7
Kann jede Führungskraft die Frage beantworten: „Wie werden wir im Markt gewinnen?“	1 2 3 4 5 6 7
2. Wettbewerbsarena	
Ist die Marktsegmentierung kundenorientiert und reflektiert sie die Stärken des Unternehmens?	1 2 3 4 5 6 7
Sind die Marktsegmente klar definiert, in denen den Kunden ein höherer Mehrwert geboten werden kann als die Konkurrenz?	1 2 3 4 5 6 7
Hat das Marktsegment ein Potenzial, das uns erfolgreich in die Zukunft tragen kann?	1 2 3 4 5 6 7
3. HR-Politik	
Wissen wir, welche Arten von Talenten benötigt werden, um in bestehenden Märkten noch erfolgreicher zu sein?	1 2 3 4 5 6 7
Wissen wir, welche Arten von Talenten benötigt werden, um neue Märkte zu erschließen?	1 2 3 4 5 6 7
Ziehen wir die richtigen Talente an?	1 2 3 4 5 6 7
4. Kundenwert versus Kosten	
Schafft die Business Unit ausreichend Wert für die Kunden in den oben definierten Marktsegmenten, um überdurchschnittlich profitabel zu sein?	1 2 3 4 5 6 7
Ist der Unterschied zwischen Kosten und Kundennutzen signifikant und nachhaltig positiv?	1 2 3 4 5 6 7

60+:	*Gute Strategie* Stellen Sie Unterstützung für eine erfolgreiche Umsetzung sicher
40-59:	*Ausreichendes Strategiepotenzial* Schärfen Sie das Profil der Strategie anhand des Strategie-Diamanten (siehe Abbildung 3.1)
Unter 40:	*Großes Strategiedefizit:* Gefahr, eine Scheinstrategie zu verfolgen Nehmen Sie ein weißes Blatt Papier und setzen Sie die Strategie neu auf

Fragebogen 3.1 Selbstbeurteilungs-Übung zur Strategie. (Quelle: Hinterhuber & Partners)

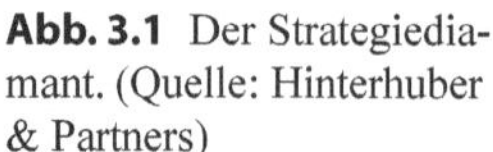

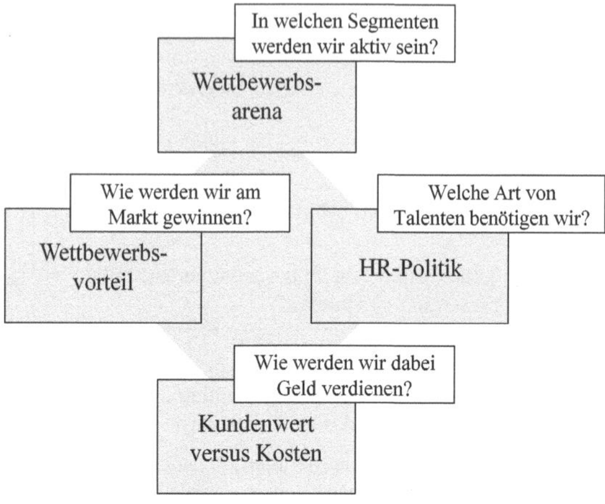

Abb. 3.1 Der Strategiediamant. (Quelle: Hinterhuber & Partners)

3.2 Die vier Elemente einer guten Strategie

Man muss das Ganze vor seinen Teilen sehen.
Gerhard von Scharnhorst

Eine gute Strategie erhöht die Wahrscheinlichkeit für langfristig überdurchschnittlichen Erfolg sowohl beim Wettbewerb auf existierenden Märkten als auch bei der Schaffung neuer Märkte. Bei der Strategie besteht eine Analogie zur Kochkunst. Der Koch arbeitet mit dauernd wechselnden Ingredienzien, die er unterschiedlich dosiert, zu verschiedenen Zeiten und bei unterschiedlichen Temperaturen einsetzt. Eine gute Strategie braucht bestimmte Ingredienzien; sie muss bestimmte Elemente umfassen. Unsere Studie zeigt, dass sich gute Strategien dadurch auszeichnen, dass sie klare Antworten entlang von vier Dimensionen geben (Abb. 3.1).

1. *Klare Definition der Wettbewerbsarena*
   Hier geht es um zwei Fragen: a) Wie segmentiere ich den potentiellen Markt? b) Auf welchen dieser Marktsegmente wollen wir für unsere Kunden der bevorzugte Partner sein?
   Jeder Unternehmer und jeder Leiter einer Strategischen Geschäftseinheit muss sich immer wieder fragen: „Sind wir in einem Markt, der unserer Kernkompetenz und unseren Ambitionen entspricht? Können wir dort unseren Kunden und den Kunden unserer Kunden einen Mehrwert bieten, der über dem unserer Konkurrenten liegt? Lautet die Antwort nein, ist es zweckmäßig, nach neuen Marktsegmenten zu suchen“.

Schiebel Industries AG

Schiebel Industries AG baut unbemannte Flugzeuge. Das Familienunternehmen mit Sitz in Wien wird von Hans Georg Schiebel in zweiter Generation geleitet. Der Camcopter S-100 besteht aus fünftausend Komponenten und ist eine der besten Aufklärungsdrohnen, die am Markt angeboten werden. Drohnen sind keine Waffenträger, sondern Informationsbringer.

1. Wettbewerbsarena. Drohnen werde im zivilen und im militärischen Bereich eingesetzt. Im zivilen Bereich besteht der weltweite Markt von Schiebel Industries AG in: Besichtigungen von Hochspannungsleitungen, Kontrolle von Pipelines, Überwachung von Meeresplattformen und Windparks, Erkundung von Routen für Eisbrecher in der Arktis, Feststellung von Ernteschäden, Ortung von Personen in Katastrophensituationen und dgl. mehr. Bei den Olympischen Spielen in Sotschi z. B. wurden Fluggeräte, die drei Meter lang sind und ohne Kerosin 110 Kg wiegen eingesetzt.

Im militärischen Bereich bietet Schiebel Industries Aufklärungsdrohnen an. Dieser Markt wird von den großen Rüstungskonzernen in den USA und in Europa beherrscht, ist einträglich, aber heikel. Beliefert werden keine Länder, die unter Embargo stehen.

2. Wettbewerbsvorteile. Drohnen sind Informationsbringer. Schiebel Industries verfügt über ein spezielles Know-how in den Bereichen IKT, Leichtmaterialien, Fertigung und Antriebssystem. Zusammen bilden diese Bereiche die Kernkompetenz des Unternehmens.

3. HR-Politik. Schiebel Industries kann auf bestens ausgebildete Absolventen der Technischen Universitäten und Fachhochschulen und auf Facharbeiter zurückgreifen. Die vom Unternehmer von oben nach unten vorgelebte Unternehmenskultur macht das Unternehmen zu einem attraktiven Arbeitsgeber.

4. Kundenwert versus Kosten. Im Gegensatz zu einem Hubschrauber braucht eine Drohne wenig Luftraum. Die Kosten des Drohneneinsatzes sind etwa ein Zehntel dessen, was ein bemannter Hubschrauber verursacht. Das Absturzrisiko wird ähnlich hoch eingeschätzt wie bei einem kleinen Sportflugzeug.

2. *Klare Definition von Wettbewerbsvorteilen*

   Wettbewerbsvorteile sind die Antwort auf die Frage: „Wie bieten wir den Kunden einen solchen Mehrwert, dass sie unsere Produkte und Dienstleistungen ihren Freunden, Bekannten, Dritten usw. weiterempfehlen?“

1. Das Cash-flow-Profil

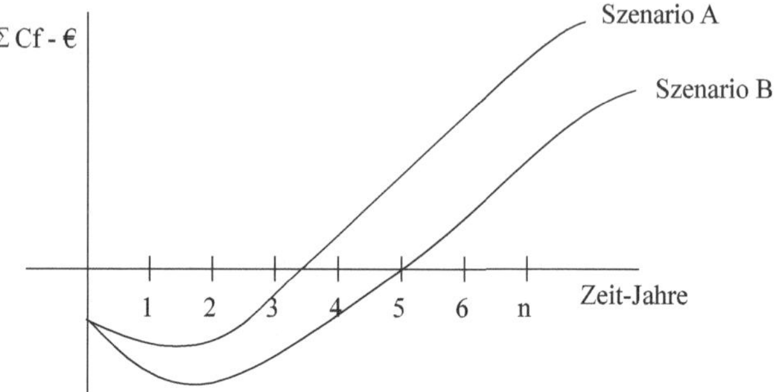

2. Die Frage: Was habe ich übersehen?
3. Was tun?

Vertraue auf Gott, oder das Schicksal, geh ruhig zu Bett, in der Gewissheit, dass der morgige Tag wieder eine Reihe unangenehmer Überraschungen bringen wird.

→ Die Strategie ist ein „System von Aushilfen" ad hoc (Helmuth von Moltke).

Abb. 3.2 Die letzte Frage vor der Verabschiedung der Strategie. (Hinterhuber 2011b)

3. *Eine klare HR-Politik* beantwortet die Frage, welche Art von Talenten braucht das Unternehmen, um in Zukunft die Kunden zu Botschaftern des Unternehmens zu machen und dadurch die die Kapitalkosten nachhaltig zu verdienen?
4. *Kundenwert versus Kosten*
   Hier geht es um die Beantwortung der Frage: „In welchem Verhältnis steht der Nutzen, den wir unseren Kunden bieten, zu den Gestehungskosten des Unternehmens?" Der Kundenutzen lässt sich quantifizieren. (Hinterhuber und Liozu 2013).

Mit Hilfe von Cash-flow-Profilen für unterschiedliche Szenarien müssen Wiedergewinnungsperiode des eingesetzten Kapitals und Wirtschaftlichkeit der Strategie bestimmt und überprüft werden (Abb. 3.2).

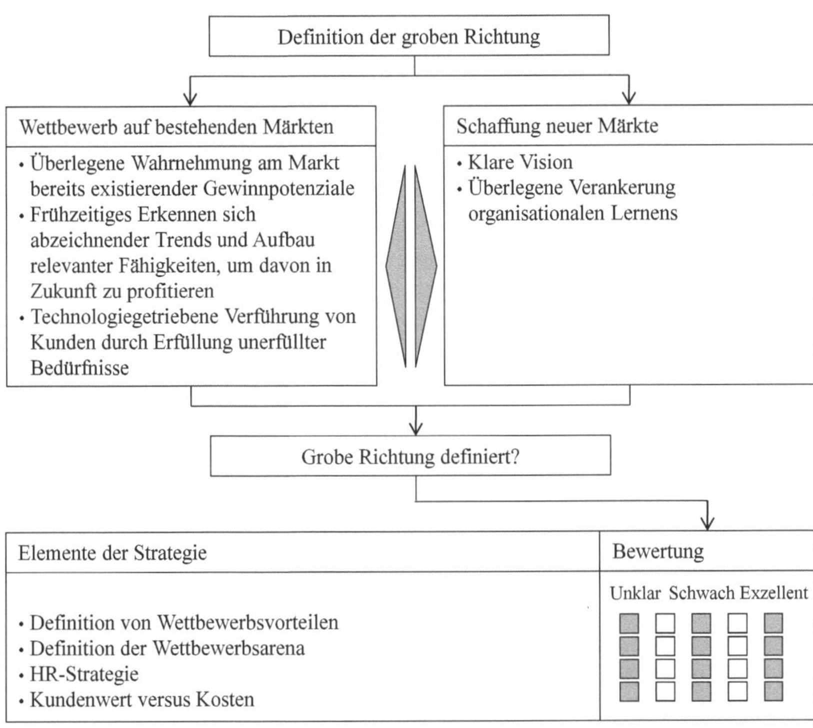

Abb. 3.3 Raster zur Beurteilung von Strategien. (Quelle: Hinterhuber & Partners)

3.3 Gute Strategien von schlechten trennen

> Hoffnung ist keine Methode.
> Gordon Russell Sullivan

Anhand unseres Kriterienkataloges ist es nun möglich, gute von schlechten Strategien zu trennen. Die Übersicht in Abb. 3.3 fasst die wichtigsten Fragen zusammen.

Eine gute Strategie gibt zunächst die grobe Richtung vor, wobei es um die Frage geht, ob, das Unternehmen in existierenden Märkten oder durch die Schaffung von neuen Märkten überdurchschnittliche Ergebnisse nachhaltig erzielen will. Diese beiden Wege verlangen unterschiedliche Fähigkeiten und unterstützende Prozesse. Eine Strategie enthält vier Elemente, die wir in unserem Strategiediamanten zusammengefasst haben. Dieses Gesamtgerüst kann herangezogen werden, um existierende und geplante Strategien in ihrer Qualität zu beurteilen.

Eine große europäische Bank stellt ihre Strategie folgendermaßen dar: „Unsere Strategie ist, in unseren vier Geschäftsbereichen profitabel zu wachsen, zum Wohle unserer Anteilseigner, Kunden und Mitarbeiter.“. Ein französisches Unternehmen dazu: „Unsere Strategie ist, im Pharmabereich noch rascher zu wachsen und in den anderen Bereichen, in denen wir tätig sind, zu den Weltmarktführern zu zählen.“

Hier reicht ein oberflächlicher Blick auf Abb. 3.3, um festzustellen, dass in beiden Fällen weder die Elemente der Strategie noch die fundamentale Richtung auf irgendeine andere Art definiert wären als durch inhaltsleere Floskeln. Wir vergeben in beiden Fällen ein „ungenügend“ für die Qualität der Strategie.

Ein Beispiel einer guten Strategie liefert Diamond Aircraft, ein österreichischer Hersteller von einmotorigen Leichtflugzeugen. Das Unternehmen wurde 1981 aus der Überzeugung heraus gegründet, dass das Segment für kleine, einmotorige Leichtflugzeuge langfristig überdurchschnittliche Wachstumschancen bieten würde. In unserer Form der Darstellung: Man erkannte frühzeitig einen Trend und beschloss, an diesem Trend zu partizipieren – Ziel war, sich eine günstige Ausgangsposition zu schaffen, um an einem wachsenden Markt überdurchschnittlich partizipieren zu können. Die grobe Richtung (Abb. 3.3) war damit definiert. Das Unternehmen geriet allerdings durch die Finanzkrise ab 2006 in Bedrängnis, nachdem im Jahr 2009 der Gesamtmarkt um fast 60 Prozent eingebrochen war.

4 Zehn Regeln für das Risk Assessment

> Wenn die Katastrophe eingetreten sein wird, werde ich mich darauf vorbereitet haben.
> Luc Ferry

Ein Unternehmen muss in jeder Situation, die auch mit noch so kleiner Wahrscheinlichkeit eintreten kann, in der Lage sein, zu überleben. Der Unternehmer ist verantwortlich für die Kontrolle des Risikos, das dessen kontinuierliche Erneuerung verursachen kann.

In einer „Letter to the Shareholders" zitiert Warren E. Buffett, CEO von Berkshire Hathaway, seinen Freund und langjährigen Partner Charlie Munger: „Alles, was ich wissen will, ist, wo ich einmal sterben werde. Denn dann werde ich nie dorthin gehen". Auf diesem Grundsatz der praktischen Lebensweisheit, bei allen Entscheidungen die negativen Auswirkungen zu berücksichtigen, beruht das Erfolgsgeheimnis von Berkshire Hathaway: Vermeide Geschäfte, deren Zukunft du nicht beurteilen kannst, wie aussichtsreich deren Perspektiven auch sein mögen, mach dein Schicksal nie abhängig von der Freundlichkeit der anderen und der Gunst der Umstände, arbeite mit Partnern zusammen, die langfristig in Geschäfte investieren wollen, die sie selbst verstehen, umgib dich mit Führungskräften, die wie Eigentümer denken und handeln.

H. H. Hinterhuber, *Die Strategie als gemeinsame Logik des Handelns*,
essentials, DOI 10.1007/978-3-658-06862-2_4

Regeln für das Risk Assessment

1. Richte vor der Verabschiedung einer strategischen Entscheidung ein Team aus Mitarbeitern ein, die mit dem Entscheidungsproblem vertraut sind und Einsicht in die Folgen der Entscheidung haben.
2. Erteile dem Team folgenden Auftrag:
   - Versetzen Sie sich bitte ein Jahr von heute in die Zukunft.
   - Stellen Sie sich vor, a) dass wir den Plan so ausführen, wie er jetzt vorliegt, und b) dass das Ergebnis eine Katastrophe ist.
   - Nehmen Sie sich bitte 5 bis 10 min Zeit, um eine kurze Geschichte dieses Desasters zu schreiben.
3. Überprüfen Sie Ihre Entscheidung, indem Sie das Ergebnis der Teamarbeit mit Freunden diskutieren, denen Sie vertrauen.

Quelle: D. Kahneman, 2014

Regeln für das Risk Assessment der Strategie (Hinterhuber 2011b):

1. Bestimme die maximale Verlusthöhe, d. h. den Verlust oder Schaden, der, wenn er eintreten würde, das Unternehmen in ernsthafte Schwierigkeiten führen würde. Schließe die Strategien und Optionen aus, die, auch wenn sie große Gewinnchancen haben, die Existenz des Unternehmens gefährden könnten.
2. Bereite dich mental auf den größten anzunehmenden Unfall vor. Gutes Krisenmanagement ist zu 80 % Vorbereitung. Halte dir den Grundsatz Helmuth von Moltkes vor Augen: Die Strategie ist ein System von Aushilfen ad hoc.
3. Mach ein Mitglied der Geschäftsführung verantwortlich für präventives Krisenmanagement. Halte Optionen offen, reduziere die „Exposure" des Unternehmens gegenüber Extremereignissen, halte strategische Reserven (Taleb).
4. Dokumentiere in einem Plan: a) wie und wie schnell das Unternehmen Informationen über die Krisensituation haben kann, b) welche Experten rechtzeitig zur Verfügung stehen, c) wer kurzfristig zu Beginn der Krise Entscheidungen treffen kann und d) wer die Kommunikation nach außen und nach innen übernimmt.
5. Lass den Plan nicht in einem Ordner „verstauben". Bringe diesen Plan ein- bis zweimal im Jahr auf den letzten Stand und setze ihn in das Intranet. Im Krisenfall bleibt wenig Zeit, um im Ordner zu suchen.
6. Kommunikation in Krisenzeiten ist Chefsache. Beachte, was Online gesagt wird und nimm dazu Stellung.

7. Lass eine glaubwürdige Führungskraft vor die Kameras und Medien treten, wenn der Auftritt des CEO nicht auf der Höhe der Situation ist. Der beste Katastrophenplan kann durch unbedachte Äußerungen des CEO zunichte gemacht werden.
8. Bereite alle Aussagen vor den Medien schriftlich vor. „No comments" irritieren die Öffentlichkeit. Zeige Entschlossenheit, Mitgefühl und Engagement. Zeige dich nicht zu oft in der Öffentlichkeit. 500 Interviews und 100 Stunden im Fernsehen, wie es Tony Hayward in zwei Monaten getan hat, sind zu viel und kontraproduktiv.
9. Entscheide selbst, ob du mehr den Empfehlungen der Kommunikationsberater oder denen der Rechtsanwälte folgen sollst. Beide arbeiten mit unterschiedlichen Ansätzen.
10. Vergiss nicht, dass die beste Kommunikation die operativen Maßnahmen nicht ersetzen kann. Du wirst an den Taten, nicht an den Worten gemessen.

Für ein Unternehmen gibt es, zusammenfassend, keine Sicherheit, wenn es sich kontinuierlich erneuert und sich für eine bestimmte Strategie und bestimmte Aktionspläne entscheidet. So wenig, wie einer, der heiratet. Ein Unternehmer kann jedoch entscheiden, was er unter keinen Umständen tun will („wo er nicht sterben will"), wie er sein Kerngeschäft absichert, er kann die maximale Verlusthöhe bestimmen, die er verkraften kann, ohne das Unternehmen in seiner Existenz zu gefährden, er kann entsprechende Reserven gegen Rückschläge halten, nicht alles auf eine Karte setzen und sich flexibel organisieren. Bei Misserfolgen, so ein Schweizer Unternehmer, meint man immer, man habe zu wenig gewusst – man hat aber nur in der Regel das, was man eigentlich hätte wissen müssen, übersehen.

Tesla Motors

Tesla ist ein Auto, das rein elektrisch betrieben eine Reichweite von über 400 km hat. Im Gegensatz zu Verbrennungsmotoren, die aus Hunderten von Einzelteilen bestehen, besteht der Motor von Tesla aus nur einem einzigen beweglichen Teil: dem Rotor. Dieser beschleunigt bei 0-Emissionen in 5,6 s auf 100 km/h.

Tesla Motors wurde 2003 von Silicon-Valley-Ingenieuren gegründet, die unter Elon Musk, einem der Mitgründer, beweisen wollten, dass Elektrofahrzeuge Außergewöhnliches leisten können. Tesla Motor beschäftigt in Palo Alto rund 2000 Mitarbeiter, die etwa 20.000 Fahrzeuge pro Jahr herstellen. Eine „Gigafabrik" für die Herstellung von Batterien ist geplant; sie soll bis zu 6500 Mitarbeiter beschäftigen, US$ 5 Mrd. kosten und 2017 mit der Produktion von Battereien beginnen. Das Ziel ist, 500.000 Fahrzeuge pro Jahr herzustellen.

Die Strategie von Tesla Motors lässt sich anschaulich anhand des Strategiediamanten beschreiben.

1. *Wettbewerbsarena*. Der Markt von Tesla Motors ist der weltweite Markt von elektrisch betriebenen und umweltfreundlichen Fahrzeugen im oberen Preissegment.

2. *Wettbewerbsvorteile*. Diese liegen einerseits in den Antriebssträngen und in den Batteriekomponenten, die eine Reichweite von über 400 km erlauben, andererseits in der innovativen Innenausstattung. Tesla bedient diverse digitale Kommunikationssysteme, die einfach zu bedienen sind und im Vergleich zu den konkurrierenden Limousinen revolutionierend sind. In meist in Einkaufszentren eingerichteten Showräumen können die Wagen angeschaut und in Tesla-Geschäften Probefahrten arrangiert werden. Die mächtigen Händlerorganisationen in den USA versuchen allerdings zu verhindern, dass Teslas Vertriebskanal in der Branche Schule macht.

3. *HR-Politik*. Elon Musk begnügt sich mit einem symbolischen Gehalt von einem Dollar pro Jahr. Die Gehälter der Führungskräfte sind niedrig im Vergleich zu denen der Konkurrenten. Elon Musk, ein genialer Ingenieur mit großem kaufmännischen Talent, wählt sie nach dem Grundsatz aus, dass sie a) in dem, was sie tun, besser sind als er selbst, b) die Werte teilen, die er vorlebt und c) eine Gemeinschaft bilden, die stolz ist, neue Maßstäbe in der Branche zu setzen.

4. *Kundenwert versus Kosten*. Während Hybridfahrzeuge in der Regel eine Reichweite bei reinem Elektrobetrieb von nicht einmal 100 km haben, bietet Tesla seinen Kunden Reichweiten von über 400 km. Der Fahrkomfort übertrifft den vergleichbarer Fahrzeuge im gehobenen Preissegment. Die Kunden erhalten „value for money“. Es sind innovative Kunden, die beitragen wollen, eine neue Epoche in der Geschichte der Automobilindustrie einzuleiten. Der Börsenwert von Tesla liegt heute etwa 30 % über dem von Fiat Chrysler. Tesla stellt 20.000 Autos im Jahr her, Fiat Chrysler 4 Mio. Die Marktkapitalisierung von Tesla beträgt rund US$ 30 Mrd.

5 Die Strategie als Führungsmethode

> Mein bester Freund ist der, der das Beste in mir weckt.
> Henry Ford

Führen mit strategischer Teilhabe ist eine Methode, mit der der Unternehmer den Führungskräften einen Ausschnitt aus den eigenen strategischen Absichten und Gedankengängen gibt, durch den diese zu Eigeninitiative und zur geistigen Mitarbeit bei der Formulierung und Umsetzung der Strategie aufgefordert werden. Das Ziel ist, die Führungskräfte in die Lage zu versetzen, dass sie das Ganze vor den Teilen sehen und zur erfolgreichen Gestaltung sowohl der Teile als auch des Ganzen initiativ und kreativ beitragen. Dadurch können die Entscheidungsträger in den Funktionsbereichen und Strategischen Geschäftseinheiten mit dem gleichen konzeptionellen Rahmen rechnen, auf den sich auch alle anderen beziehen (Hinterhuber 2013). Unsere Untersuchungen zeigen, das erfolgreiche Unternehmen alle Mitarbeiter in den Strategieprozess einbinden (Abb. 5.1).

Die Strategie ist deshalb die gemeinsame Logik des Handelns der Führungskräfte; sie richtet auf kohärente Weise die Initiative, Kreativität und Verantwortungsfreude der Führungskräfte in unterschiedlichen Funktionen und auf verschiedenen Verantwortungsebenen auf die Ziele des Unternehmens aus.

H. H. Hinterhuber, *Die Strategie als gemeinsame Logik des Handelns*,
essentials, DOI 10.1007/978-3-658-06862-2_5

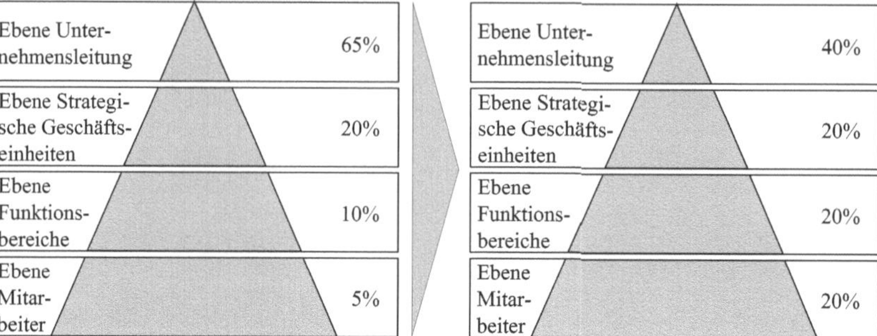

Abb. 5.1 Führen mit strategischer Teilhabe. (Hinterhuber 2013)

Führen mit strategischer Teilhabe
Gib deinen Führungskräften einen Ausschnitt aus deinen strategischen Absichten und Gedankengängen, erkläre den Sinn und das Ziel deiner strategischen Absichten, fordere sie zur kreativen Mitarbeit und Weiterentwicklung der Ziele und Strategien auf, und überlasse es ihnen, mit den verfügbaren Ressourcen die Aktionspläne auszuarbeiten und umsetzen zu lassen, mit denen die angestrebten Ziele unter den sich ändernden Wettbewerbsbedingungen erreicht werden können.

Die Unternehmen sind zu komplex geworden, das Wettbewerbsumfeld und die Kundenbedürfnisse ändern sich zu rasch, so dass die obersten Führungskräfte immer weniger in der Lage sind, die Vielzahl der widersprüchlichen und oft trügerischen Informationen zu verarbeiten, die für strategische Entscheidungen benötigt werden; ihre Rolle als oberste Entscheidungsträger ändert sich nach Maßgabe der Führung mit strategischer Teilhabe. Sie halten sich von jedem Eingehen in Details fern, bestimmen Kernauftrag und Eckpunkte der Strategie, binden die Führungskräfte in die Weiterentwicklung der Strategie ein und überlassen die Ausarbeitung und Abstimmung der Aktionspläne den Führungskräften. Von diesen wird verlangt, dass sie den Sinn der Strategie erkennen und in eigener Verantwortung diesem Sinn nach handeln und das auch dann, wenn eine Änderung der Wettbewerbssituation und der Kundenbedürfnisse ein Abweichen von der Strategie richtig erscheinen lässt. Diese wirksame Verbindung von Leitung und Gewährenlassen auf der Grundlage einer gemeinsamen Logik des Handelns setzt eine hohe Führungskompetenz aller Beteiligten voraus.

6 Ist Strategie eine Kunst oder eine Wissenschaft?

Aber Glück hat auf die Dauer doch zumeist wohl nur der Tüchtige.
Helmuth von Moltke

Die Strategie kann von großem Nutzen sein, wenn es sich darum handelt, die Kunden positiv zu überraschen, Wettbewerbsvorteile aufzubauen, knappe Ressourcen auf eine möglichst wirtschaftliche Weise zuzuteilen, wenn verschiedene Alternativen existieren, um bestimmte Ziele zu erreichen und wenn große Unsicherheit über die Zukunft herrscht. Wir brauchen keine Strategie, wenn das Problem der Ressourcenallokation nicht besteht, wenn die Zukunft ähnlich der Vergangenheit sein wird und wenn in der Vergangenheit befriedigende Ergebnisse erzielt wurden. Unter diesen Voraussetzungen genügt es, den Erfolg der Vergangenheit zu wiederholen. Ein Unternehmen braucht auch keine Strategie, wenn keine Eintrittsbarrieren in dem Markt bestehen. In diesem Fall zählt nur die operative Exzellenz. In einer Zeit tiefgreifenden Wandels in allen Lebensbereichen brauchen wir jedoch eine Strategie, um dank einer guten Ökonomie der Kräfte unseren Handlungsspielraum zu wahren, die Anzahl das Optionen zu erhöhen, Risiken abzuschätzen und unsere großen Ziele zu erreichen. Ohne Strategie wird in einer Welt, die schwer interpretierbar, chaotisch, volatil und unsicher ist, jede unternehmerische Tätigkeit zu einem Hasardspiel. Die Strategie sichert den Vorsprung an Initiativen, ermittelt Risiken und erhöht dadurch die Wahrscheinlichkeit für nachhaltigen Erfolg.

Die Grundsätze der Strategie sind einfach und auch Laien einleuchtend, ihre Anwendung in einem kompetitiven Umfeld stellt jedoch an Wissen und Können der Führungskräfte die höchsten Anforderungen. So kommt es, dass Strategie in ihrer Entwicklung und Anwendung sich mehr als eine Kunst und weniger als eine

H. H. Hinterhuber, *Die Strategie als gemeinsame Logik des Handelns*,
essentials, DOI 10.1007/978-3-658-06862-2_6

Wissenschaft darstellt. Es gibt keine allgemeingültigen Regeln oder optimale Vorgehensweisen, die für jedes Unternehmen Gültigkeit haben. Die Strategie ist kein Handeln nach dem Schema, sondern immer nach den gegenwärtigen Verhältnissen. Für die Strategie gibt es kein „Kochbuch“; es gibt auch kein System von standardisierten Formularen, die, von Beratern oder einem Strategieteam abgearbeitet, zum Erfolg führen. Ein Unternehmer sagt: „Wenn mir jemand eine noch so durchdachte Strategie vorstellt, ich aber die Überzeugung habe, dass er nicht der richtige Mann ist und auch nicht das richtige Team hat, dann lehne ich sie ab.“

Die Fähigkeit, einen guten Business Plan zu erstellen oder eine gute Strategie zu formulieren, so der britische Unternehmer Luke Johnson, ist nicht gleichbedeutend mit der Fähigkeit, damit auch Geld zu verdienen. Jede Strategie ist im Grunde eine Wette auf die Führungskräfte, ob sie entwickeln und umsetzen. Obwohl niemand die Zukunft vorhersehen kann, weisen in der Regel alle Cash-Flow-Profile in relativ kurzer Zeit nach oben. Jede Strategie muss deshalb anhand des Strategiediamanten kritisch reflektiert werden.

Der Erfolg einer Strategie steht und fällt mit den Personen, die dahinter stehen und sie durchführen werden. Besonders gefährlich sind narzisstische Personen mit einer Vision und mit Charisma, die darüber hinaus noch gute Geschichtenerzähler sind. Sie überzeugen nicht Kraft ihrer Argumente, sondern durch die Stärke ihrer Persönlichkeit. Je mehr die Form die Substanz überwiegt, je mehr blendende Power-Point-Präsentationen die Erkenntnis des Terrains, auf dem die Umsetzung erfolgt, verschleiern, je mehr die Begeisterung nicht auf Fakten und Heuristiken beruht, desto eher steht die Strategie auf tönernen Füßen (Hinterhuber 2011a).

Wer eine Strategie genehmigt, darf ebenfalls die harte Arbeit nicht scheuen, die Fakten zu analysieren und die Psychologie der Personen zu studieren, die in die Strategie involviert sind. Was zählt, sind exzellente Führung und ein starkes Team, das auf eine Reihe erfolgreich abgeschlossener Projekte zurückblicken und ein Risk Assessment vorlegen kann, das ein Scheitern des Unternehmens ausschließt.

Für die Strategie wichtig sind pragmatische Visionäre mit einem Sinn für Humor. Pragmatisch, weil man von der Vision Abstand nehmen und das Machbare gestalten und umsetzen muss; Sinn für Humor, weil das die einzige Möglichkeit ist, gelassen angesichts des Wiederstands gegen Veränderungen zu sein.

Die Rolle der qualitativen Faktoren wie die Persönlichkeit der Führungskräfte, ihre Einstellung, ihre Ausdauer und ihr Vertrauen in die eigenen Ideen, ihr Mut und ihre Risikobereitschaft, die Werte, die sie erleben und leben, all das entzieht sich einer Messung und ist noch wenig erforscht. Wenn es darum geht, die Zukunft zu antizipieren, Mitarbeiter zu inspirieren, strategische Absichten weiterzuentwickeln und in Aktionsplänen auszudrücken, den Lauf der Dinge zu ändern, die Absichten der Konkurrenten zu durchschauen, mit der Vergangenheit zu brechen, so lässt sich das nicht auf Methoden oder Schemata reduzieren.

Die Bedeutung dieser qualitativen Faktoren muss uns bescheiden machen, wenn wir Strategie lehrbar machen wollen, die Leistungen von Unternehmen zu erklären oder die Führungskräfte auszubilden versuchen, die sie morgen führen werden.

7 Zusammenfassung

> Lass dich nie in einen Wettkampf ein, in dem zu siegen nicht in deiner Macht steht.
> Epiktet

Was für Unternehmer zählt, sind die Ergebnisse und der Weg dorthin. Sie werden nicht an ihren Absichten, sondern an den nachhaltigen Resultaten ihrer unternehmerischen Leistung gemessen. Dazu brauchen sie eine Strategie, die von den Führungskräften richtig interpretiert und von diesen nach Maßgabe der Situation weiterentwickelt wird und in entsprechenden Aktionsplänen und Organisationsformen ihren Niederschlag findet.

Die Hauptergebnisse der Ausführungen sind:

1. Die Strategie ist ein komplexer und häufig falsch verstandener Begriff. Es wird eine klare und praktische Definition der Strategie und der verschiedenen Strategieformen vorgestellt.
2. Strategisches Denken heißt, dass das Ganze wichtiger ist als der Teil und nicht umgekehrt.
3. Das Gesamtmodell der strategischen Führung zeigt, wie die Strategie alle Komponenten der Führung bestimmt und von diesen beeinflusst wird.
4. Die empirische Evidenz zeigt, dass rund 75 % aller Unternehmen keine Strategie verfolgen, die diesen Namen verdient.
5. Die Qualität einer Strategie kann ex ante getestet werden kann.
6. Die vier Elemente einer guten Strategie werden mit Hilfe des Strategiediamanten und anhand von Praxisbeispielen veranschaulicht.
7. Jede Strategie braucht ein Risk Assessment. Zehn Regeln veranschaulichen das.

H. H. Hinterhuber, *Die Strategie als gemeinsame Logik des Handelns*,
essentials, DOI 10.1007/978-3-658-06862-2_7

8. Die Strategie als gemeinsame Logik des Handelns bedeutet, dass alle Führungskräfte in die Weiterentwicklung der Strategie eingebunden werden.
9. Mikromanagement ist das Gegenteil von Führen mit strategischer Teilhabe.
10. Strategie ist mehr eine Kunst als eine Wissenschaft.

Eine gute Strategie ist einfach, jedoch nicht so, dass sie auch der Konkurrent sofort durchschaut. Nur was einfach ist, funktioniert. Die Strategie als „System von Aushilfen" ist eine Theorie des praktischen Handelns, die verlangt, immer vorbereitet zu sein, neue, unerwartete Möglichkeiten zu nutzen, Probleme kreativ zu lösen oder schlecht kalkulierte Risiken abzuwenden.

Was Sie aus diesem Essential mitnehmen können

- Der Top-down-Ansatz ist durch die Geschwindigkeit des Wandels und die Komplexität der Zusammenhänge überholt.
- Der Wert des Unternehmens in einer turbulenten Umwelt lässt sich nachhaltig erhöhen, wenn die Unternehmensleitung den Führungskräften einen Ausschnitt aus ihren strategischen Absichten gibt und sie zur Weiterentwicklung der Strategie einlädt.
- Die Qualität der Strategie eines Unternehmens oder eine Geschäftseinheit kann getestet werden. Rund 75 % aller Unternehmen verfolgen eine Strategie, die diesen Namen nicht verdient.
- Eine gute Strategie besteht aus vier Elementen. Der Strategiediamant zeigt anschaulich diese vier Elemente.
- Mit Hilfe dieser vier Elemente lassen sich gute Strategien von schlechten unterscheiden.

H. H. Hinterhuber, *Die Strategie als gemeinsame Logik des Handelns*,
essentials, DOI 10.1007/978-3-658-06862-2

Literatur/„Zum Weiterlesen"

Besanko, D., Dranove, D., & Shanley, M. (2012). *Economics of strategy*. New York: Wiley.

Carpenter, M. A., & Sanders, Wm. G. (2009). *Strategic management. A dynamic perspective, concepts and cases* (2. Aufl.). Upper Saddle River: Prentice Hall.

De Wit, B., & Meyer, R. (2014). *Strategy. An international perspective* (5. Aufl.). Andover: Cengage Learning EMEA.

Freedman, L. (2013). *Strategy. A history*. Oxford: Oxford University Press.

Gigerenzer, G. (2013). *Risiko: Wie man die richtigen Entscheidungen trifft*. Gütersloh: C. Bertelsmann.

Grant, R. M. (2012). *Contemporary strategy analysis* (8. Aufl.). Oxford: Wiley.

Grant, R.M., & Jordan, J. (2012). *Foundations of strategy*. Chichester: Wiley.

Greenwald, B., & Kahn, J. (2007). *Competition demystified: A radically simplified approach to business strategy*. New York.: Penguin.

Gunther McGrath, R. (2013). *End of competitive advantage: How to keep your strategy moving as fast as your business*. Boston: Harvard Business Review Press.

Hinterhuber, H. H. (2007). *Leadership. Strategisches Denken systematisch schulen von Sokrates bis heute* (4. Aufl.). Frankfurt a. M: Frankfurter Allgemeine Buch.

Hinterhuber, H. H. (2011a). *Strategische Unternehmensführung* (Bd. I, 8. Aufl.). Berlin: Erich Schmidt Verlag GmbH & Co.

Hinterhuber, H. H. (2011b). *Die 5 Gebote für exzellente Führung*. Frankfurt a. M: Frankfurter Allgemeine Buch.

Hinterhuber, H. H. (2013). *Führen mit strategischer Teilhabe. Wie sich die Lücken zwischen Strategie und Ergebnissen schließen lassen*. Berlin: Erich Schmidt Verlag GmbH & Co.

Hinterhuber, H. H. (2015), *Strategische Unternehmensführung* (9. Aufl.), Berlin: Erich Schmidt Verlag GmbH & Co.

Hinterhuber, A., & Liozu, S. (Hrsg.). (2013). *Innovation in pricing*. London: Routledge.

Jullien, F. (2006). *Vortrag vor Managern über Wirksamkeit und Effizienz in China und im Westen*. Berlin: Merve.

Kahneman, D. (2014). *Schnelles Denken, langsames Denken* (3. Aufl.). München: Pantheon.

Koch, R. (2011). *Financial Times Guide to Strategy: How to create, pursue and deliver a winning strategy* (4. Aufl.). London: FT Press.

Kormann, H. (2005). *Nachhaltige Kundenbindung – Gegen den Mythos nur wettbewerbsorientierter Strategien*. Frankfurt a. Main.: VDMA-Verlag.

H. H. Hinterhuber, *Die Strategie als gemeinsame Logik des Handelns*, essentials, DOI 10.1007/978-3-658-06862-2

Liozu, S., & Hinterhuber, A. (Hrsg.). (2014). *The ROI of pricing*. London: Routledge.

Nonaka, I., & Zhu, Z. (2012). *Pragmatic strategy*. Cambridge: Cambridge University Press.

Taleb, N. N. (2012). *Antifragilität: Anleitung für eine Welt, die wir nicht verstehen*. München: Knaus.

Vermeulen, F. (2010). *Business Exposed. The naked truth about what really goes on in the world of business*. Harlow: Financial Times/Prentice Hall.

Springer